UN MOT

SUR

LES COLONIES FRANÇAISES,

ET PARTICULIEREMENT

SUR SAINT-DOMIGNUE,

Par le citoyen DEAUBONNEAU.

PRIX : 5 décimes (10 sous).

SE TROUVE A PARIS,

Chez l'Auteur, rue Saint-Sauveur, Numéro 41,
Chez LALOY, *Libraire*, Passage Feydeau, N°. 7,

Et chez DESENNE, PETIT, BARBA, MOLLER, Libraires au Palais-Egalité.

FRUCTIDOR, AN VIII.

UN MOT

SUR

LES COLONIES FRANÇAISES,

ET PARTICULIEREMENT

SUR SAINT-DOMINGUE.

Il appartient aux hommes qui connaissent parfaitement les Colonies, d'indiquer au gouvernement français quelles sont les mesures propres à rattacher ces fertiles contrées à leur métropole. Il appartient à l'homme qui aime véritablement sa patrie, de mettre même de l'opiniâtreté à fixer l'attention publique sur des pays trop long-tems oubliés de la France.

La paix, la bienfaisante paix, après laquelle tant de nations soupirent, me paraît l'époque seulement où il sera possible au gouvernement de porter ses regards paternels sur une si précieuse portion de l'Empire : alors il faudra irrévocablement fixer les bases d'un régime colonial, faire coïncider les plans qui seront jugés avantageux ; et par ce moyen arriver successivement au but que tout gouvernement sage doit atteindre.

En entreprenant de publier mon opinion, j'éviterai de présenter l'affligeant tableau des calamités sans nombre, dont les Colonies françaises ont été le théâtre ; *et leurs seuls propriétaires les tristes victimes* ! la main se refuse à tracer tant d'horreurs ; pour les récapituler, il faudrait avoir l'ame étrangement robuste !!!

Il suffit sans doute à la France entière, de savoir que les Colonies françaises sont réduites à l'état le plus déplorable, et généralement nulles pour la France. St.-Domingue particulièrement, n'offre plus qu'un hideux squelette ; des ruines, des décombres et des ossemens sur les deux tiers de sa surface, attestent les fléaux qui naissent d'une désorganisation totale.

En entretenant mes lecteurs, des Colonies, je me porterai naturellement sur l'île de Saint-Domingue comme la plus considérable ; elle m'est plus connue, je l'ai habitée pendant vingt-huit années, j'ai pu l'observer avec attention sous tous ses rapports : je puis donc affirmer que son établissement, sa masse imposante de richesses, les ressources incalculables qu'elle offrait annuellement à la France, étonnaient même ceux qui ont concouru à sa prospérité.

En effet que devait penser l'homme d'état; le spéculateur attentif; le calculateur habile; quand chacun d'eux examinait scrupuleusement que dans l'espace d'un siècle, d'immenses forêts, antique domaine de la nature, conquises par quelques hommes intrépides qui ont adopté la France pour patrie, étaient devenues par leurs productions une source féconde de richesses, préférables sans doute à toutes les mines du Pérou et du Potosy! L'œil se promenait avec complaisance sur ces plaines cultivées avec art, sur ces fertiles montagnes, sur lesquelles les indigênes du pays qui ont été massacrés par les Espagnols, avaient à peine pénétrés: le défrichement de ces montagnes prouve ce que peut le cultivateur français; Saint-Domingue enfin était un chef-d'œuvre d'agriculture.

On peut justement établir que l'année 1790 a marqué à-la-fois l'époque de sa plus grande prospérité et celle de sa décadence. Il a fallu cent années pour établir l'île de Saint-Domingue, et porter sa population à six cent mille ames ; savoir : 40,000 Européens ou descendans d'Européens ; 30,000 issus d'Européens et d'Africains ; et 530,000 Africains ou descendans d'Africains.

Aujourd'hui cette immense population a subi une réduction presqu'inconcevable ! qui pourrait croire sans avoir sous les yeux de positives données, que l'on compte à peine ; tant en France, aux États-Unis d'Amérique ; à Saint-Domingue et dans quelques Iles neutres, 20,000 Européens ou descendans d'Européens ; environ 17,000 issus d'Européens et d'Africains ; et tout au plus 250,000 Africains ou descendans d'Africains ; tel est pourtant l'effet des évènemens atroces qui existent encore, au moment même où j'écris.

S'il est encore quelques incrédules qui doutent de quelle utilité les Colonies étaient pour la France, je leur demanderais par quels autres moyens les villes de Marseille, Bordeaux, Nantes, la Rochelle, le Havre, Dunkerque, Bayonne, Honfleur et Saint-Malo, se sont élevées, accrues et enrichies ? je leur prouverai que l'île de Saint-Domingue seulement, recevait annuellement dans ses ports sept cent cinquante navires ;

dont le jeaugeage, sans outrer les calculs, s'élevait à plus de trois cent mille tonneaux; que les carguaisons de ces navires étaient composées du superflu des productions de la France, et des produits de toutes les manufactures françaises. Je dirai que par le commerce des Colonies, se formait une pépinière de marins, qui successivement et alternativement étaient destinés à armer les vaisseaux de l'État. Je prouverai que sept millions de Français étaient constamment occupés aux opérations commerciales de la France avec ses Colonies. Je démontrerais enfin jusqu'à l'évidence, que la balance générale du commerce de l'Europe, en faveur de la France, s'élevait chaque année de 65 à 75 millions.

Le commerce de France n'ignoroit pas tous ces avantages; mais ne calculant pas les évènemens, il fut apathique; il ne sut pas prévoir qu'un subit changement de système pour nos Colonies, devait nécessairement les conduire à l'état affreux où elles se trouvent. Il faut bien le dire, soit politique mal entendue, soit fausse philosophie, soit terreur, ou tout autre motif que je ne cherche point à appronfondir; les places de commerce furent en général insouciantes. La ville de Nantes seulement par une adresse énergique à la Convention nationale, en date du 4 novembre 1792, revêtue de 338 signatures, au nombre desquelles figurent celles des premières maisons de commerce, fit connaître l'importance de Saint-Domingue. Cette ville tourmentée par tous les orages révolutionnaires, présentait le tableau fidèle qui aurait dû être constamment la boussole des novateurs imprudens.

« St.-Domingue (disait la ville de Nantes) « occupe sept cent cinquante navires par an, « pour le seul commerce entre cette Colonie et « la France. Les navires employent au moins « 24 mille matelots ; et le cabotage dans la « Colonie et celui nécessaire au charroi, en « Europe, des denrées Coloniales, au moins « autant. Il y a à St.-Domingue huit mille « habitations ; quand on ne les évaluerait qu'à « un million de capital l'une dans l'autre, « c'est un fonds de huit milliards.

« On estime que Saint-Domingue avant sa « destruction rendait année commune, trois « cent millions de sucre brut et terré, qu'on « ne peut évaluer, quitte de frais, à moins de

« 50 fr. le quintal, ci	150,000,000 fr.
« cent millions de café à 80 fr. le C.	80,000,000
« deux millions d indigo à 9 f. la l.	18,000,000
« cinq millions de coton à 2 f. la l.	10,000,000
« 50 mille bariques de sirop à 100 f.	5,000,000
« 15 mille bariques de tafia à 100 f.	1,500,000
ci	262,500,000
« On peut évaluer le Commerce « interlope à	17,500,000
« Total des revenus de S.-Doming.	280,000,000 fr.

A ce détail exact, le commerce de Nantes pouvait ajouter le produit des cuirs en poil, des bois d'acajou, de campêche et de gayac, les liqueurs et les confitures. Il pouvoit encore faire l'évaluation de la quantité de numéraire d'Espagne sortant de St.-Domingue, pour le compte des armateurs. Il est prouvé que depuis 1783, jusqu'en 1790, il est passé en quatruples, demi quatruples, quarts de quatruples et piastres gourdes, plus de quarante millions effectifs; la Colonie de Saint-Domingue ne s'est point opposée à cet enlèvement de son numéraire, parce qu'en général le commerce était échange, et que les marchandises manufacturées en France, se vendaient aux Espagnols, en échange de leur or et de leurs piastres, et que la circulation était toujours active.

Il serait superflu de s'appesantir sur des souvenirs qui affectent la sensibilité, et qui rappellent sans-cesse la cause de tant de calamités. Songeons au rétablissement d'aussi fertiles contrées, et faisons en sorte que les longues et déplorables leçons de l'expérience ne soient pas perdues pour nos neveux.

Il ne m'apartient pas d'indiquer quels doivent être les moyens législatifs qu'il est urgent d'employer pour la restauration des Colonies. Confiant sur la stabilité de la constitution de l'an 8, je porte mes regards sur l'article 91 ; de sa stricte exécution, dépend le salut des Colonies. Je me persuade avec satisfaction que le Gouvernement actuel ne peut plus être trompé, et que dans sa sagesse il rectifiera les erreurs des Gouvernemens qui l'ont précédé.

Le régime des Colonies doit être permanent, et différent de celui de la métropole; quelques hommes en ont voulu poser les bases, mais ces institutions sont grossières, informes et insuffisantes; elles ont été taillées sans mesures, sans calcul et sans proportions, par des artisans rudes et passionnés, et dans des tems de vertiges, d'insouciances et d'immoralité...... Dans l'état actuel des choses, on réussira très-certainement, si l'on profite du mal qui a été opéré pour en extraire un bien réel; de même qu'un savant chimiste analyse et décompose des poisons, et en obtient des remèdes efficaces.........

Il est très-commun, et c'est un malheur véritable, de voir que sur le même objet, sur les mêmes intérêts, sur les mêmes combinaisons et les mêmes résultats, de voir dis-je raisonner diversement : alors quand on est de bonne foi, et qu'on cherche la vérité, il est difficile de la saisir. C'est ainsi que naissent les erreurs. On doit croire même que tel législateur a voté de telle ou telle manière, suivant la confiance ou l'idée du talent qu'il portait à ses collègues; ceux-ci, peut-être trompés par d'autres, ont propagé les mêmes erreurs, et ont été dupes des provocateurs du grand système de désorganisation, mis en pratique depuis 1791.

Il est également vrai de dire, que des hommes dont le talent n'était pas équivoque, ont coopéré sans le vouloir à la destruction des Colonies; ils en ont gémi, mais le coup était porté; ils ont été victimes des évènemens : je ne troublerai point leurs cendres, et n'imputerai point à crime, ce qui pouvait être l'effet de l'amour-propre.

Il n'est peut-être pas indifférent de rapporter ici une conversation, que quelques habitans de Saint-Domingue eurent avec le célèbre Mirabeau en décembre 1790. Son influence dans les délibérations de l'assemblée constituante, jetait l'alarme dans les esprits. Pressé de manifester sa pensée, relativement aux Colonies, il convint que les mesures que l'on voulait employer, étaient prématurées : à cet égard, il promit de garder le silence : il tint parole; mais il lui échappa un de ces traits de génie, qui lui étaient si familiers. « *Habitans des Antilles*, leur dit-il, *vous dormez au pied du Vésuve! votre perte est jurée! vous n'échapperez pas aux maux qui vous sont réservés* !!!! » Certes un semblable raisonnement était fait pour inspirer de justes craintes; mais l'avis était tardif, les têtes étaient montées, et ce fut peu de tems après qu'à la tribune de cette même assemblée constituante, relativement à une discussion coloniale, l'on entendit l'opinion d'un exécrable monstre. « *Périssent les Colonies*, disait-il avec fureur, *plutôt qu'altérer un principe* ! » Il fut à la vérité rappelé à l'ordre, mais sa doctrine avait germé dans le cœur de plusieurs de ses farouches admirateurs.

Que de choses vraies il me serait possible de mettre sous les yeux de mes lecteurs ! mais pourquoi rappeler ce qu'il est peut-être politique de taire ; je me serre contre les principes du Gouvernement actuel, qui veut cicatriser les plaies et tarir les larmes. Je ne veux pas même me rendre compte, comment il se fait que tous les décrets rendus par l'assemblée constituante, l'assemblée législative, et la convention nationale, sont tous contradictoires et diamétralement opposés. Funestes passions ! sophismes ! erreurs ! ignorance et mauvaise foi, tout a concouru aux mesures désastreuses décrétées pour les infortunées Colonies ; et jusqu'au 16 pluviôse an 2, que la convention nationale a décrété la liberté générale des esclaves, l'on peut affirmer que la législation Coloniale n'a été qu'un tissu de contradictions.

Je ne me dissimule pas que les détracteurs des Colonies, des philantropes, vrais ou faux, crieront à l'injustice, et avec de grands mots me peindront comme l'ennemi de la liberté des nègres. Ceux-là se tromperont, ils seront injustes; mieux qu'eux peut-être je chéris la liberté entre tous les hommes; mais l'expérience m'a démontré, d'après les préceptes mêmes du plus grand ami de l'humanité, (l'immortel Jean-Jacques Rousseau) qu'il fallait préparer les nègres à un si grand bienfait; que la liberté était un aliment dont la digestion ne convient pas à tous les estomacs; que ce n'était que successivement qu'il était possible de parvenir à donner la qualité de citoyen à des hommes qui n'avoient jamais eu de notion de gouvernement et de civilisation. Etait-il donc si nécessaire de prématurer un si grand acte? Aux yeux de la philosophie, ce pouvait être un bien; aux yeux de l'humanité et de la politique, c'était une faute irréparable; la philosophie seulement ne gouverne pas un Empire. Je conçois que cette assertion, pour certains hommes, a besoin de développement; je vais y satisfaire.

Je déclare que lorsque la convention nationale a décrété la liberté des nègres, le 16 pluviôse an 2, elle n'ignorait pas que depuis deux ans, presque tous les esclaves de Saint-Domingue étaient en insurrection; et qu'un poignard à la main et une torche de l'autre, tous les habitans étaient assassinés, et leurs propriétés incendiées. La convention nationale savait que les esclaves insurgés commettaient les plus grandes horreurs; que les enfans des Européens étaient empalés, crucifiés; et que c'étaient les enseignes qui leur servaient de drapeaux, l'orsqu'ils exerçaient leurs brigandages. La convention nationale savait que ces hordes de barbares s'étaient réunis aux Espagnols, alors en guerre avec la France, pour hâter la subversion de St.-Domingue. La convention nationale savait enfin que tous les propriétaires, *en exécution de la loi du* 4 *avril* 1792, *étaient armés pour réduire les esclaves révoltés*; et c'est dans ce tems même, que, par un mouvement spontané, la convention nationale donne la liberté générale aux esclaves. N'était-ce pas prononcer le massacre général de tous les propriétaires? N'était-ce pas encourager les horreurs de l'incendie? Ce décret, au moment où il a été rendu, n'était-il pas une approbation tacite de tous les meurtres déjà commis; et l'encouragement positif de ceux qu'il restait à commettre?

La politique de *Danton* était-elle donc si séduisante et si certaine? qui ne doit pas s'indigner, ou plutôt sourire de pitié, quand on se rappelle que le 16 pluviôse an 2, *Danton* disait à la convention nationale : « c'est aujourd'hui, citoyens collègues, que vous tuez « l'Angleterre sans retour; la liberté que vous « donnez aux esclaves, ruine l'Angleterre à « jamais; cette puissance n'est plus une enne- « mie dangereuse, au moyen de la liberté des esclaves. » Un pareil sophisme fit fortune, et l'expérience, dans cette circonstance comme dans d'autres, a prouvé combien l'on doit peu compter sur les charlatans, et ajouter peu de foi au charlatanisme. Je ne suppose pas le mal ; et c'est à regret que je crois quelquefois, que l'Angleterre a dicté les décrets qui ont le plus concouru à la perte du commerce de France.

Si la convention nationale eût été véritablement prévoyante et sage, il lui était facile de concilier tous les intérêts ; elle pouvait décréter que dans un tems donné, tous les nègres seraient libres, alors elle eût ordonné que chaque attelier rentrerait à ses travaux accoutumés, que chaque année il serait affranchi certain nombre d'esclaves, et toujours dans la proportion relative à l'attelier ; il fallait laisser aux propriétaires le soin de désigner ceux qui pouvoient être licenciés sans danger, c'était former alors un nouveau lien entre le propriétaire et ceux appelés à la liberté ; la raison, la justice eussent marché d'accord ! que d'inconvéniens de moins ! que de fortunes conservées ! que de crimes évités !

S'il était possible d'admettre pour un instant, que la force des choses et la nature des rapports sur les Colonies, ayent pu déterminer la convention nationale à prononcer le licenciement des nègres ; on dira toujours ; comment se fait-il que la convention nationale qui avait prévu que son décret du 16 pluviôse an 2 était inexécutable *de plano*, n'a pas décrété le mode d'exécution de ce décret, dont elle devait s'occuper de suite, ainsi que le porte le décret même du 16 pluviôse an 2 ? Cette question n'est point déplacée ; et le silence de la convention nationale sur le mode d'exécution du décret de la liberté générale, prouve suffisamment que la convention nationale était embarassée d'en fixer les bases ; en effet, *il est difficile de faire des lois pour des pays et des hommes qu'on ne connaît pas* ! et cependant, sans discussion, sans rapport de comités, sans instruction préalable, un seul moment a suffi pour changer le régime des Colonies, et anéantir par une minute d'enthousiasme, les sources de prospérité de la France! c'est ainsi que la destruction s'opére, lorsqu'on veut courir après une chimérique perfection.

En vain les meneurs de la convention nationale diront-ils, qu'ils avoient par devers eux, une espèce de garantie; en vain objecteront-ils (ainsi que quelques-uns d'eux ont voulu le faire entendre) que ce sont les députés de Saint-Domingue qui ont provoqué la liberté générale des esclaves! Etait-ce donc sur la foi de quelques hommes qu'on devait se décider à prématurer une si grande mesure? les meneurs de la convention nationale pouvaient-ils ignorer comment et de quelle manière s'était faite l'admission de ces prétendus députés? pouvaient-ils ignorer comment ils ont été nommés? pouvaient-ils ignorer par qui ils ont été envoyés?.... Je m'arrête, j'allais oublier qu'il faut éteindre toutes les haines, et qu'il est trop nécessaire dans ces infortunées contrées, de bâtir des autels à la concorde!

Qu'il me soit permis de réclamer, en faveur des propriétaires des Colonies, ne sont-ils pas assez malheureux ; ne sont-ils pas depuis huit mortelles années, abreuvés, pour ainsi dire, d'opprobre et d'ignominie ; en général ils ont été déportés et forcés de se réfugier ; combien depuis ce tems leur existence n'est-elle pas douleureuse ! En est-il un seul qui n'aye pas à pleurer, un père, une mère, un époux, un fils, un frère, une sœur, un ami ? privés de toutes consolations, éloignés de leurs propriétés, livrés aux horreurs du besoin, il ne leur reste que le désespoir, s'ils n'obtiennent du gouvernement un regard favorable ! leur situation est d'autant plus déplorable, que jamais ils ne connurent la misère. Ils n'accusent point le gouvernement, qui, en exécution de quelques lois, doit leur fournir quelques faibles secours ; ces secours mal payés et trop souvent retardés, les maintiennent dans un tel état de détresse, que plusieurs préfèrent affronter les dangers qui les ont fait fuir ; ils retournent dans leurs foyers, et vont se livrer au coup homicide, qui sera le terme et le complément de leur cruelle existence.

Pour se faire une idée juste de leur position présente, il fallait voir ces infortunés, le 9 messidor an 8, jour où ils devoient toucher le troisième mois de leur pension de l'année, le besoin était si impérieux, que plusieurs couchèrent dans le corps-de-garde de la préfecture et dans la cour même de la maison, pour se trouver des premiers à l'ouverture des bureaux ; des femmes, des enfans en bas âge, s'y rendaient dès l'aurore, quel spectacle pour ceux qui ont connu les Colonies, lors de leur prospérité ! les Colons, comme les autres français, n'ignorent pas la pénurie des finances ; ils savent que le Ministre de l'Intérieur accueille avec bonté leurs réclamations ; mais qu'il ne peut faire toujours ce qu'il desirerait. Ils se taisent et espèrent encore : cependant qui plus que les Colons ont droit, je ne dis pas aux secours, car les secours ne doivent être accordés qu'à ceux qui sont sans moyens de fortune ; mais le Gouvernement doit aux propriétaires une indemnité ; ils ne s'y refuserait pas sans doute, s'il lui était possible d'être juste, parce qu'il n'ignore pas que les propriétés de tous les Colons qui sont sous ses yeux, sont séquestrées et affermées pour le compte du Gouvernement ; que les revenus de chaque habitation sont à la disposition de ceux qui administrent les Colonies ; et par cela même que les propriétaires sont absens, ils ne peuvent rien tirer de chez eux. Si le système d'expropriation n'avait pas été combiné avec un art infernal, et tellement public que personne n'en doute, il me serait possible d'en présenter le détail ; mais rassuré par la moralité du Gouvernement actuel, je laisse à sa sagesse, le soin de briser toutes les tyrannies.

Combien de Colons dont les talens ne sont pas équivoques, ont fait de sollicitations pour obtenir des places subalternes, sans pouvoir réussir ; il semble que tout accès doit leur être fermé par cela seul qu'ils sont Colons. Cette qualité pouvait être un titre d'exclusion, lorsque leurs détracteurs avaient momentanément quelque puissance, je le conçois ; mais je dois croire aujourd'hui que les Colons seront considérés comme membres de la grande famille, et qu'on ne leur dira plus : vous êtes nos ennemis, puisque vous n'aimez pas la révolution, vous n'avez rien fait pour elle, vous êtes des aristocrates, des indépendans, des princes Colons, des propriétaires d'hommes, retirez-vous ; . . . l'on connaît la valeur de ces grands mots, ils ne saliront plus les pages de notre histoire.

La postérité jugera les hommes qui ont été influens dans l'affaire des Colonies; nos neveux ne croiront jamais qu'il a existé des êtres, qui, en raisonnant sur de si grands intérêts, prenaient leurs passions pour boussole, et l'effet de leur amour-propre pour des vues infaillibles. Ils souriront de pitié, lorsqu'ils liront que des Législateurs croyaient devoir prouver que *Saint-Domingue était une île au bord de la mer!* ils sauront un jour que des personnes éclairées faisant de justes observations sur les Colonies, des hommes en place leur répondirent : *vous nous fatiguez sans cesse avec vos Colonies, il semble que l'on y doive faire attention comme à l'île de Corse.* D'autres enfin, encore plus recalcitrans, disaient : *eh bien! qu'en arrivera-t-il? nous saurons bien nous passer de vos productions, désormais nous ne nous servirons que des sucres d'Orléans!* C'est pourtant au 18e siècle que l'on entendait de pareils dilêmes. Etrange effet des passions! aveuglement de l'ignorance, que de maux n'avez-vous pas faits?

Il est de mon sujet de témoigner combien je suis étonné d'une délicate discussion qui s'est élevée au Tribunat; il était question de statuer sur des réclamations, pour obtenir des Colons le payement des nègres qui leur ont été vendus par le commerce de France.

Je pense que ce n'était ni le tems ni le lieu de s'occuper de cette discussion : lorsque les esprits seront rassis, lorsqu'il s'agira de cicatriser les plaies révolutionnaires, alors, seulement alors, les Législateurs pourront, après une parfaite connoissance de cause, prononcer un mode de liquidation pour les Colonies qui ont souffert, et en raison de leur situation. Le commerce de France doit être soldé sans doute, mais pourra-t-il agir contre son débiteur, comme le pourrait faire un créancier rigoureux, dont le débiteur aurait profité et joui du prêt qui lui aurait été fait ? Les Colons doivent au commerce, il faut qu'ils payent ; ils ne s'y refuseront pas ; mais il faut aussi pour eux une loi protectrice, et salutaire pour l'état. Il faut que les Colons se libèrent ; mais faut-il achever de les ruiner ? loin de moi l'idée que le gouvernement n'adoptera pas de sages mesures dans une occurrence si difficile et si délicate.

Je conçois que les négocians français diront, et nous aussi nous avons souffert :

comme nos Colonies, nos départemens, nos principales villes de commerce ont été vendalisées, nos fortunes ont disparu, et nous devons naturellement nous adresser à nos débiteurs. Ce raisonnement serait sans réplique, si les Colons n'avaient pas à leur répondre.

Pouvez-vous vous plaindre, négocians français, des immenses affaires que vous faisiez avec les Colonies? Avant la révolution, les Colonies, pour ainsi dire, étaient dans vos mains une ferme générale que les propriétaires exploitaient à frais commun! dites-nous si plus des sept-huitièmes des chargemens de vos navires, n'étaient pas pour votre compte : convenez que la quantité de denrées que vous receviez annuellement était si considérable, qu'après en avoir encombré vos navires, vous étiez obligé de fretter d'autres bâtimens, dont les armateurs se bornaient, pour ainsi dire, à ce genre de spéculation? Dites-nous si jamais les pertes que vous faisiez dans le commerce, n'étaient pas plutôt le fruit de votre témérité, que la suite de vos relations avec les propriétaires des Colonies ? Si par fois vous avez eu des agens infidèles qui se sont enrichis à votre détriment, pourriez-vous être assez injuste pour en accuser les Colonies ? Vous nous avez fait des avances ; nous en convenons. Cette facilité a hâté nos établissemens ; mais aussi elles avaient consolidé vos fortunes. Il était de votre intérêt et d'une politique bien entendue, d'être constamment créanciers de tous les propriétaires laborieux. Avec vos débiteurs seulement, vous faisiez d'excellentes affaires, parce que vous les mainteniez dans votre dépendance : vous étiez toujours certains d'avoir leurs récoltes, parce que vous étiez leurs créanciers. Convenez que vos profits n'étaient pas à beaucoup près aussi considérables avec les anciens propriétaires riches depuis long-tems, parce que ceux-ci donnaient eux-mêmes la direction à leurs affaires ; que vos seuls bénéfices avec eux se bornaient au fret de leurs marchandises et au simple droit de commission, lorsqu'ils vous consignaient leurs denrées ; qu'ils tiraient directement de France, et sans intermédiaire, leurs objets de consommation. Vous n'aviez pas avec eux les bénéfices de revente. Ils n'achetaient plus de nègres, parce que la population de leurs atteliers remplaçait avantageusement la mortalité. Conséquemment, les bras que vous fournissiez à la culture passaient généralement sur les terres que l'on défrichait ; aussi vos fortunes s'augmentaient avec la même rapidité que la prospérité des Colonies. Le desir d'accroître les établissemens avait établi une telle concurrence, que dans l'espace de huit jours, les ventes de vos négriers étaient à-peu-près consommées ; autrefois des cargaisons moins considérables se vendaient plus lentement, alors vous livriez vos nègres sur le pied de 1000 à 1500 francs. Dans les derniers tems, vous étiez parvenus à en tirer 2400, 2600, 2800, et jusqu'à 3000 fr. La portion de comptant que vous receviez suffisait et au-delà pour le chargement de vos navires ; ces produits couvraient, avec bénéfice, les frais de vos armemens. Vous aviez la certitude d'avoir placé dans le cours de quelques mois un profit réel de cent pour cent, sur des terres fécondes qui vous offraient une garantie d'autant plus certaine, que vous en étiez presque toujours les seuls créanciers hypothécaires. Indépendamment de toutes les sûretés que vous saviez vous ménager, vous ne disconviendrez pas que votre commerce était tellement protégé, que toutes les obligations qu'on vous souscrivait, même vos bordereaux, nous rendaient contraignables par corps. Votre commerce était tellement exclusif, que nulle nation ne pouvait entrer dans nos ports, si l'on en excepte les navires américains, qui fournissaient aux Colonies ce que vous ne pouviez fournir vous-mêmes. Encore ne pouvaient-ils pas pénétrer dans tous les ports, on leur en avait assigné ; et en retour de leurs marchandises, ils ne pouvaient emporter que des sirops, des melasses et des tafias, dont vous ne vouliez pas vous charger ; toute autre denrée les rendait fautif de commerce interlope.

Voilà des faits, que certainement vous ne révoquerez pas en doute, sans injustice ; je pourrais encore vous demander à mon tour, (car il est possible que tous ne partagent pas mon opinion) pourquoi donc votre morne tranquilité relativement aux Colonies ; qui mieux que vous en connaissait les immenses ressources? qui mieux que vous savait que la France sans Colonies ne peut avoir un commerce réel et permanent? alors pourquoi donc cette impardonnable insouciance? pourquoi n'avez-vous pas fait des observations, des réclamations qui auraient pu tempérer l'ardeur et la fureur des aristarques qui nous gouvernaient ? Ne faisiez-vous pas partie du souverain qui donnait son assentiment aux lois ? qui en demandait le rapport quand elles blessaient son intérêt ? Eh bien ! négocians français, que faisiez-vous alors ? votre silence semblait être une approbation générale de tous les décrets contradictoires rendus pour les Colonies, depuis le 8 mars 1790, jusqu'au 16 pluviôse an 2 : des fêtes furent données dans vos ports, en signe de joie pour le décret de la liberté générale ! Je ne vous en fais point un crime ; mais quand je vois vos réclamations, ne puis-je pas douter de votre philantropie ? Soyez donc toujours également philosophes, et que l'intérêt ne vous fasse pas perdre la jouissance d'une bonne action. Ne venez donc pas demander le remboursement de ce qui vous est dû pour le prix des nègres que vous avez vendus, et qui ne sont plus aujourd'hui la propriété de ceux qui les ont acquis sous la protection des lois préexistantes !

Je me répète, ne me croyez pas le partisan de l'esclavage ; mais croyez-moi plutôt ami de l'ordre, ami de mon pays, qui desire voir sincèrement tous les hommes utiles ! Et c'est sous ce rapport uniquement que je déclare ici, que puisque le décret de la liberté générale était porté, il eût été plus barbare de le rapporter, qu'il n'a été humain de le rendre; mais vous étiez sur les lieux, il vous appartenait, en stipulant les intérêts de la France, de stipuler les vôtres, ceux des Colons, et même ceux des nouveaux affranchis; alors ne deviez-vous pas vous réunir d'intention, et dire à la convention nationale : « vous avez banni l'esclavage, nous « ne prétendons pas nous opposer à cette « mesure; mais votre décret doit être sage- « ment exécuté, sans quoi il deviendra fu- « neste. N'ayez-donc pas à vous reprocher « un moment de sublime enthousiasme? que « le triomphe de la philosophie ne soit pas « teint du sang de nos frères, et arrosé des « larmes de douleur de vingt mille familles. » C'était là, négocians français, le langage que vous deviez tenir; vous deviez savoir qu'il fallait pour le salut de tous, un mode subit d'exécution pour le décret du 16 pluviôse an 2; que sans mode d'exécution, ces infortunées contrées ne seraient plus qu'un théâtre d'horreurs et de vastes cimetières.

Je ne cherche point à rendre les Colons

intéressans, les malheurs qu'ils éprouvent les rendent assez respectables ; si je me suis livré à quelques détails, à quelques observations, j'ai pensé qu'ils étaient nécessaires, j'ai voulu prouver combien les Colonies françaises sont essentielles à la métropole ; je ne cherche point à atténuer ou détruire les droits que le commerce de France a acquis sur les Colonies, pour raison des nègres qu'il y a introduit ; je pense même que sa répétition est de toute justice, mais seulement par l'effet d'une transaction avec ses débiteurs, dont les principes doivent être puisés dans la loi à intervenir, qui établira les bases d'un acquittement général, et juste envers les parties.

Je ne me dissimnle point que lorsque le Gouvernement aura fixé l'organisation des Colonies, l'activité du commerce autant que l'industrie des propriétaires, devient indispensable pour leur rétablissement. C'est pourquoi il est essentiel que les négocians et les Colons soient toujours d'accord ; ils doivent se serrer et s'unir ; ils doivent en quelque façon sidentifier ; ensemble ils avaient prospéré, ensemble ils ont été deponillés ; ils doivent de concert oublier leurs maux et les réparer. Il serait inutile aujourd'hui de regarder derrière soi : le mal est fait, songeons au remède.

Je sais que les relations commerciales de la France avec ses Colonies, ne peuvent se renouer avant que le Gouvernement aie manifesté ses intentions. Mais je sais aussi que l'expérience agit plus fortement sur les Gouvernemens que sur les particuliers. Les Gouvernemens ont des moyens pour imprimer leur volonté ; ils ont le pouvoir de la faire exécuter, ll dépend d'eux de maitriser les circonstances : les particuliers au contraire sont presque toujours subordonnés aux évènemens.

Il est une ideé vraie : le bien, à dit le sage et malheureux Bailly, *le bien dans la nature physique et morale ne descend du ciel sur nous que lentement, peu-à-peu ;* je dis goutte-à-goutte ; mais tout ce qui est subit, instant, violent, est une source de maux ; nos Colonies en offrent la preuve.

Il est près de nous le jour où nous pourrons dire : *la révolution est terminée.* Enchaînons sous des portes d'airain, la révolution et ses fureurs, et ses désastres ; alors l'espérance, cette fille du ciel, sera notre première consolation ; et un bon Gouvernement, encouragera, secondera nos efforts.

Le rétablissement de Saint-Domingue n'est pas si difficile qu'on se l'imagine. La plus grande mesure à employer serait donc de forcer les nègres au travail, sous la dénomination qui leur convient. Le reste de l'organisation de cette Colonie marchera à grands pas.

S'il est démontré aujourd'hui que les seuls Africains ou descendans d'Africains, sont seuls susceptibles de travailler la terre dans ces contrées brûlantes, plus de doute qu'il faille les y attacher ; ce serait une erreur grave, de croire que des bras Européens peuvent être utilisés à la culture des plantes indigènes, ou naturalisées au sol des Antilles ; ici il me serait facile de prouver qu'en supposant la chose possible, en admettant que l'Européen serait exempt des maladies particulières, et qu'il ne succomberait pas promptement à l'influence terrible du climat ; toujours serait-il vrai, que ses habitudes, ses vêtemens, sa nourriture, porteraient à un prix excessif son travail, en comparaison des denrées qu'il récolterait. Les étrangers conserveraient l'avantage du débit dans les ports d'Europe ; ils bénéficieraient réellement, parce que toujours ils se serviront de leurs esclaves pour la culture des terres.

Comment désarmer dira-t-on tant de nègres? Il ne faut que connaître les Colonies, et l'esprit du nègre pour résoudre cette question. Je sais que les nègres, trop généralement armés, ont produit de grands désordres; mais plusieurs d'entr'eux, susceptibles d'émulation et de discipline, doivent être conservés pour la police intérieure de la Colonie; cette police sagement établie, vaudra seule une armée; alors vous rendrez aux travaux les nègres jugés incapables de marcher avec ces premiers, et ils sont en grand nombre ; la distinction sera bien fondée, puisqu'elle sera la récompense du mérite personnel, et elle remplira sous la loi d'une justice impartiable, le double objet qu'on doit se proposer.

Je me rappelle toujours avec satisfaction les différentes discussions sur les Colonies, auxquelles j'ai assisté : ne me fiant pas toujours à mes propres lumières, j'ai consulté des hommes plus expérimentés que moi; j'ai lu avec soin diverses opinions, et il n'est peut-être pas indifférent d'en présenter ici le résumé général (1).

S'il était possible de rapporter toutes les lois faites pour les Colonies, depuis le huit mars 1790, il y aurait moins d'inconvéniens à présenter le plan de leur restauration ; un armement considérable, des forces imposantes, commandées par un homme habile et ami de son pays, suffiraient pour applanir toutes les difficultés. A cet égard, on ne manquera pas de dire : vous avez donné la liberté aux nègres, et vous voulez qu'ils redeviennent esclaves ? Non, je veux que les nègres soient libres, mais qu'ils travaillent; et en conciliant tous les intérêts, anx yeux de la loi, les nègres seront des hommes engagés (2).

Les hommes véritablement instruits, n'invoquent pas toujours les leçons de la philosophie, quelqu'hommage qui lui soit dû ; les idées et les sentimens que ce nom suggère, produisent plus d'effet dans les discours oratoires, et les feuilles d'un livre bien écrit, que dans les registres des économes de plantations, ou dans des comptoirs de marchands. Il faut à la France des Colonies ; la France ne saurait être une puissance purement agricole.

Le but essentiel est donc de connaître parfaitement l'esprit du cultivateur des Antilles, et ensuite faire des lois propres à maintenir sa dépendance.

Il ne s'agit pas seulement de faire des lois, mais il faut se garder d'en faire pour des hommes et des pays qu'on ne connaît pas. Le véritable législateur calcule les hommes et les choses, les mœurs, les usages, les habitudes, le climat; tout doit être consulté, tout doit être prévu.

Pour les Colonies, il faut établir des modes différens de subordination et de correction relativement aux travaux. La discipline particulière dans ses institutions, doit avoir des égards pour les penchans et les mœurs des engagés, par rapport aux intérêts des patrons; et, sans outrer sa sévérité, elle doit être précise et assujétissante comme celle des soldats.

L'engagé ne doit point avoir un partage d'usufruits, quoique ce partage puisse s'effectuer par des accords particuliers et volontaires; mais il aurait une propriété indépendante, proportionnée à ses besoins, à ses moyens, et à la portion de son tems, dont il lui serait libre de disposer. Il faut que la loi soit selon toutes les situations et selon tous les évènemens, un lien d'union et un frein de force commun. Elle doit dans ses prévoyances, disposer elle-même des pouvoirs d'opinion qui manqueront à l'avenir à l'ancien propriétaire, qu'on s'est trop accoutumé à ne plus respecter. L'on soutient avec raison qu'un partage d'usufruits ne doit naturellement appartenir qu'au droit de propriété, dont les lois déterminent les usages, et dont elles ne disposent pas. Un partage de revenus deviendrait une source intarissable de contestations d'avarice et de cupidité, de trop d'empire ou d'insubordination (3).

Sans une subordination régulièrement observée, les atteliers ne peuvent pas être dirigés; les corps nombreux doivent être nécessairement subordonnés à une hiérarchie de pouvoirs; dès que les nouvelles associations se forment légalement, elles ne peuvent être composées que de parties dissemblables, dont la discipline seule doit entretenir la correspondance et l'accord. Si en instituant des atteliers dans nos Colonies, le législateur néglige de balancer les forces physiques, par la force de l'opinion, l'espérance des passions, par l'immutabilité de la loi, bientôt les égaremens de l'anarchie en effectueront la dissolution.

On n'aura point de police, on n'aura point de cultivateurs dans les Colonies, on n'aura plus d'institution sans subordination légale. Car comment reveiller l'insouciance du nègre, et comment contenir sa légéreté.

On ne dégradera pas l'Africain, sans doute, quand il sera assimilé dans son rang social, à l'utile cultivateur de nos campagnes d'Europe, que protège une police générale; et au défenseur armé de la patrie dont on punit les fautes de discipline, et dont on respecte l'état, le dévouement et les vertus. D'après ces premières données, que je maintiens les meilleures, à moins que le contraire me soit démontré, il est constant que l'Africain, courbé sur le sillon des cannes, ou cultivant le cafier, le coton et l'indigo, serait ce que le soldat est à son poste, et le moissonneur dans les champs couverts d'épis; tous seraient utiles à une patrie commune, qui aurait vu naître les uns, et qui a adopté les autres; tous jouiraient de l'honneur attaché à leur état, et tous connaîtraient l'indispensable soumission.

Que ceux qui veulent s'instruire sur les grands intérêts que je discute ouvrent le livre de l'expérience ; qu'ils consultent les voyageurs, les négocians et les marins ; qu'ils consultent encore les militaires qui ont habité les Colonies, alors ils se fixeront mieux que s'ils s'en rapportaient à des hommes qui sont mus par des intérêts particuliers, par des passions ou par des haines.

Il est une vérité constante ; les Colonies françaises se sont accrues, et ont prospéré pendant cent ans, parce que des propriétaires européens, sages et industrieux, se sont voués aux grandes opérations de l'agriculture : ils pourront encore rendre les Colonies ce qu'elles doivent être, lorsque la volonté du gouvernement sera fortement prononcée : leur déportation des terres qu'ils ont fécondées, l'affreux système d'expropriation exécuté à leur égard, est atrocement barbare ; je n'en dirai pas davantage ; je n'écris point l'histoire, mais seulement des notes susceptibles de développemens, qui appartiennent au législateur.

Il s'en faut que j'aie rempli le but que se propose celui qui a l'habitude de fixer les idées de ses lecteurs, mais j'ai dit la vérité ; j'ai suivi l'impulsion de mon cœur ; je devais cette dernière preuve de mon attachement aux infortunés Colons, mes compatriotes. Il m'en a coûté pour avoir défendu leurs intérêts;

la haine qui me poursuit depuis quelques années, m'a fait comprendre au nombre des victimes du dix-huit fructidor. Me dérobant aux injustes recherches exercées contre moi, j'ai consacré mes veilles à coucher sur le papier des idées relatives aux Colonies; puissent-elles n'être pas inutiles à ceux à qui je les ai communiquées et servir à l'occasion.

J'ai préparé un travail, dont le but est de démontrer aux négocians français et aux propriétaires des Colonies, que leur intérêt est le même; qu'en établissant un code hypothécaire, ces premiers auront sous leurs mains le gage de leurs créances sur ces derniers. J'ai pensé que le seul crédit du commerce et la considération justement attachée au titre de négociant, étaient suffisans pour remplacer l'argent qui manquera pour activer les manufactures coloniales; c'est pourquoi j'ai travaillé un projet de banque territoriale, principalement pour Saint-Domingue; cette banque, dans les mains du commerce, remplacera des valeurs réelles par des valeurs fictives; j'affirme que ces signes d'échanges seront exempts de toute atteinte, par l'effet d'une administration sage et bien entendue; si les événemens futurs contrarient mes vues, je m'en consolerai, si l'on a mieux vu que moi; je concourerai de toutes mes forces pour la restauration d'un pays que j'aimerai toujours avec passion. Je le répète pour la dernière fois, c'est au gouvernement à vouloir fortement, et bientôt nos maux éprouveront de l'adoucissement.

C'est à toi, Bonaparte, à qui je m'adresse! tu semble né pour le bonheur du monde! Comme par magie tu es revenu sur les plages de la France, au moment même où nous touchions à une dissolution totale. Ton génie a ranimé nos espérances; et avec la rapidité de l'éclair, tu as changé la forme du gouvernement; tu as comprimé les factions, rappellé les proscrits, conquis l'Italie entière; tu nous donneras la paix, tu cicatriseras les plaies, tu sécheras les larmes, tu activeras le commerce: à chaque minute nous voyons ces espérances se réaliser; mais il manque à ta gloire la restauration des Colonies; ce grand œuvre est digne de toi; parles, et les Colons ne seront plus étrangers à tes bienfaits.

DEAUBONNEAU,

Habitant de la commune du Petit-Goave, isle Saint-Domingue.

N O T A.

Ces réflexions étaient sous presse, lorsqu'il a circulé une nouvelle, qui, pour être crue, a besoin de confirmation. Il se répand que les chefs militaires à Saint-Domingue, l'un noir *(Toussaint Louverture,)* l'autre mulâtre *(André Rigaud,)* tous deux comblés d'honneur par le gouvernement français, et qui depuis plus d'un an se faisaient une guerre implacable, sous le prétexte, l'un et l'autre, de défendre les droits de la République, *ont fini par s'entendre*, et se sont réunis.

On ajoute qu'ils ont proclamé l'indépendance de cette Colonie, qu'ils l'ont mise sous la protection de l'Angleterre et celle des États-Unis d'Amérique ; l'on assure même qu'ils ont érigé l'isle en République!

Puisse une si étrange nouvelle n'être jamais confirmée, c'est le vœu de tout véritable français.... Mais s'il en était autrement, ce serait alors que le gouvernement, qui a toujours été trompé sur l'état de nos Colonies, aurait la juste mesure de l'opinion qu'il est urgent qu'il se forme, sur ceux qui ont administré ces malheureuses contrées depuis 1792.

Cependant l'idée d'un semblable forfait serait révoltante : se pourrait-il que les hommes de couleur, qui tiennent leur existence politique de la justice et des bienfaits de la France, fussent assez lâches pour se réunir à ses ennemis? Serait-il possible que les chefs des Africains fussent assez ingrats pour tourner contre la France les armes qui leur ont été imprudemment confiées pour la défense du territoire? Ces hommes auraient-ils aussi méconnu les droits imprescriptibles de la nature? Ont-ils pu oublier qu'ils ont en France des enfans que le gouvernement fait soigner avec préférence, et instruire à ses frais? Non! j'avoue que je ne crois point encore un tel excès d'horreurs.

Si pourtant les nouvelles ultérieures ne nous permettent plus de douter d'un crime aussi atroce, ne pourrait-on pas dire au gouvernement français: comparez et jugez maintenant, si pendant toutes les guerres précédentes, jamais le territoire de Saint-Domingue fut entâmé par les puissances ennemies! Au contraire; la raison en est simple et naturelle, c'est que les Européens y étaient prépondérans; ils y commandaient exclusivement; toutes les autorités étaient dans leurs mains; leur exemple d'attachement et de soumission à la mère patrie s'inoculaient dans le cœur de tous les français qui habitaient cette Colonie: on les à impunément *opprimés*, *déportés*, *pillés*, *incendiés* et *massacrés*, tel devait être le résultat!

Toussaint Louverture et Rigaud, diront-ils qu'ils méconnaissent la perfidie du cabinet britannique! l'univers entier n'atteste-t-il pas l'infâmie de ce cabinet par l'événement de Quibéron!

Ces prétendus consuls de Saint-Domingue, ces prétendus chefs suprêmes de la république *Haïtienne*, s'ils eussent été dignes d'être comptés au nombre des Français, se seraient-ils jamais décidés à abjurer tout sentiment de reconnaissance!! Se seraient-ils livrés à une protection abominable et factice! Certes, il faut être insensé pour ne pas être pénétré que le cabinet Britannique ne désire et ne cherche que la destruction des colonies françaises; et conséquemment celle du commerce de France.

Toussaint Louverture et Rigaud, en réclamant aussi la protection des États-Unis d'Amérique, se sont livrés à une puissance qui ne sait que pressurer, et qui, dans cette circonstance, s'est avilie, déshonorée; que serait-elle sans la France?... Nous aurions donc réchauffé des serpens dans notre sein!

Puissé-je n'avoir fait ici que des réflexions anticipées! quoiqu'il en soit, alors comme aujourd'hui, je regrette de ne pas avoir encore un caractère officiel, je m'empresserai, sans doute, tant au nom de mes compatriotes qu'au mien, à protester de toutes mes forces contre la mesure d'indépendance prise par *Toussaint Louverture et Rigaud*. Je le déclare à l'avance, toutes mes propriétés sont à Saint-Domingue; j'y renonce, s'il faut, pour en jouir, devenir rebelle à mon pays : cette profession de foi n'est pas équivoque ; ceux qui me connaissent ne douteront pas de ma sincérité.

Je ne crains pas de me compromettre, en affirmant que ce sentiment est celui de tous les Français en général, propriétaires dans cette Colonie ; j'en pourrais citer plusieurs qui m'ont déjà manifesté cette intention ; je me bornerai à dénommer les citoyens Chotard aîné, et Clausson ; j'ai été leur colloborateur, je connais leurs principes ; comme moi, ils ont été déportés en fructidor an 5, pour avoir annoncé des vérités utiles sur les colonies : et ils n'en conservent pas moins l'amour de lenr patrie.

J'ose même espérer que les rébelles ne pourront long-tems étouffer le sentiment de reconnaissance et d'intérêt personnel qui les lie à la France ; mieux conseillés, ils retourneront vers la mère-patrie; et le Gouvernement, indulgent autant qne juste, saura pardonner leur égarement.

(1) Je cite toujours avec un nouveau plaisir, l'ouvrage du général Ricard ; ouvrage profondément pensé, impartial ; et plein d'excellentes vues.

(2) L'on pourrait statuer quel serait le paiement à faire aux cultivateurs dans des tems donnés.

(3) Il m'a été donné communication d'un réglement de culture pour les Colonies, fait par le citoyen Charles M.... qui mérite de fixer l'attention.

De l'Imprimerie des Anciennes Petites-Affiches, rue Neuve-Augustin, n°. 582.

www.ingramcontent.com/pod-product-compliance
Lightning Source LLC
LaVergne TN
LVHW020249230826
846091LV00006B/2320
* 9 7 8 2 0 1 2 8 7 3 4 3 8 *